U0122852

心一堂術數古籍珍本叢刊

書名：《蔣子挨星圖》附《玉鑰匙》（虛白廬藏本）【原（彩）色本】

系列：心一堂術數古籍珍本叢刊　堪輿類　第一輯　158

作者：傳【清】蔣大鴻等

主編、責任編輯：陳劍聰

心一堂術數古籍珍本叢刊編校小組：陳劍聰　素聞　鄒偉才　虛白廬主

出版：心一堂有限公司

通訊地址：香港九龍旺角彌敦道六一〇號荷李活商業中心十八樓〇五一〇六室

深港讀者服務中心·中國深圳市羅湖區立新路六號羅湖商業大廈負一層〇〇八室

電話號碼：(852)67150840

網址：publish.sunyata.cc

電郵：sunyatabook@gmail.com

網店：http://book.sunyata.cc

淘寶店地址：https://shop210782774.taobao.com

微店地址：https://weidian.com/s/1212826297

臉書：https://www.facebook.com/sunyatabook

讀者論壇：http://bbs.sunyata.cc/

平裝

版次：二零一九年三月初版

定價：港幣　　一百九十八元正
　　　新台幣　　七百八十元正

國際書號：ISBN 978-988-8582-48-8

版權所有　翻印必究

香港發行：香港聯合書刊物流有限公司

地址：香港新界大埔汀麗路36號中華商務印刷大廈3樓

電話號碼：(852)2150-2100

傳真號碼：(852)2407-3062

電郵：info@suplogistics.com.hk

台灣發行：秀威資訊科技股份有限公司

地址：台灣台北市內湖區瑞光路七十六巷六十五號一樓

電話號碼：+886-2-2796-3638

傳真號碼：+886-2-2796-1377

網絡書店：www.bodbooks.com.tw

台灣秀威書店讀者服務中心：

地址：台灣台北市中山區松江路二〇九號一樓

電話號碼：+886-2-2518-0207

傳真號碼：+886-2-2518-0778

網絡書店：http://www.govbooks.com.tw

中國大陸發行　零售：深圳心一堂文化傳播有限公司

深圳地址：深圳市羅湖區立新路六號羅湖商業大廈負一層〇〇八室

電話號碼：(86)0755-82224934

心一堂微店二維碼

心一堂淘寶店二維碼

心一堂術數古籍 珍本 整理 叢刊 總序

術數定義

術數，大概可謂以「推算（推演）、預測人（個人、群體、國家等）、事、物、自然現象、時間、空間方位等規律及氣數，並或通過種種『方術』，從而達致趨吉避凶或某種特定目的」之知識體系和方法。

術數類別

我國術數的內容類別，歷代不盡相同，例如《漢書・藝文志》中載，漢代術數有六類：天文、曆譜、五行、蓍龜、雜占、形法。至清代《四庫全書》，術數類則有：數學、占候、相宅相墓、占卜、命書、相書、陰陽五行、雜技術等，其他如《後漢書・方術部》、《藝文類聚・方術部》、《太平御覽・方術部》等，對於術數的分類，皆有差異。古代多把天文、曆譜、及部分數學均歸入術數類，而民間流行亦視傳統醫學作為術數的一環；此外，有些術數與宗教中的方術亦往往難以分開。現代民間則常將各種術數歸納為五大類別：命、卜、相、醫、山，通稱「五術」。

本叢刊在《四庫全書》的分類基礎上，將術數分為九大類別：占筮、星命、相術、堪輿、選擇、三式、讖諱、理數（陰陽五行）、雜術（其他）。而未收天文、曆譜、算術、宗教方術、醫學。

術數思想與發展──從術到學，乃至合道

我國術數是由上古的占星、卜筮、形法等術發展下來的。其中卜筮之術，是歷經夏商周三代而通過「龜卜、蓍筮」得出卜（筮）辭的一種預測（吉凶成敗）術，之後歸納並結集成書，此即現傳之《易

經》。經過春秋戰國至秦漢之際，受到當時諸子百家的影響、儒家的推崇，遂有《易傳》等的出現，原本是卜筮術書的《易經》，被提升及解讀成有包涵「天地之道（理）」之學。因此，《易·繫辭傳》曰：「易與天地準，故能彌綸天地之道。」

漢代以後，易學中的陰陽學說，與五行、九宮、干支、氣運、災變、律曆、卦氣、讖緯、天人感應說等相結合，形成易學中象數系統。而其他原與《易經》本來沒有關係的術數，如占星、形法、選擇，亦漸漸以易理（象數學說）為依歸。《四庫全書·易類小序》云：「術數之興，多在秦漢以後。要其旨，不出乎陰陽五行，生尅制化。實皆《易》之支派，傳以雜說耳。」至此，術數可謂已由「術」發展成「學」。

及至宋代，術數理論與理學中的河圖洛書、太極圖、邵雍先天之學及皇極經世等學說給合，通過術數以演繹理學中「天地中有一太極，萬物中各有一太極」（《朱子語類》）的思想。術數理論不單已發展至十分成熟，而且也從其學理中衍生一些新的方法或理論，如《梅花易數》、《河洛理數》等。

在傳統上，術數功能往往不止於僅僅作為趨吉避凶的方術，及「能彌綸天地之道」的學問，亦有其「修心養性」的功能，「與道合一」（修道）的內涵。《素問·上古天真論》：「上古之人，其知道者，法於陰陽，和於術數。」數之意義，不單是外在的算數、歷數、氣數，而是與理學中同等的「道」、「理」──心性的功能，北宋理氣家邵雍對此多有發揮：「聖人之心，是亦數也」、「萬化萬事生乎心」、「心為太極」。《觀物外篇》：「先天之學，心法也。……蓋天地萬物之理，盡在其中矣，心一而不分，則能應萬物。」反過來說，宋代的術數理論，受到當時理學、佛道及宋易影響，認為心性本質上是等同天地之太極。天地萬物氣數規律，能通過內觀自心而有所感知，即是內心也已具備有術數的推演及預測、感知能力；相傳是邵雍所創之《梅花易數》，便是在這樣的背景下誕生。

《易·文言傳》已有「積善之家，必有餘慶；積不善之家，必有餘殃」之說，至漢代流行的災變說及讖緯說，我國數千年來都認為天災，異常天象（自然現象），皆與一國或一地的施政者失德有關；下

至家族、個人之盛衰，也都與一族一人之德行修養有關。因此，我國術數中除了吉凶盛衰理數之外，人心的德行修養，也是趨吉避凶的一個關鍵因素。

術數與宗教、修道

在這種思想之下，我國術數不單只是附屬於巫術或宗教行為的方術，又往往是一種宗教的修煉手段——通過術數，以知陰陽，乃至合陰陽（道）。「其知道者，法於陰陽，和於術數。」例如，「奇門遁甲」術中，即分為「術奇門」與「法奇門」兩大類。「法奇門」中有大量道教中符籙、手印、存想、內煉的內容，是道教內丹外法的一種重要外法修煉體系。甚至在雷法一系的修煉上，亦大量應用了術數內容。此外，相術、堪輿術中也有修煉望氣（氣的形狀、顏色）的方法；堪輿家除了選擇陰陽宅之吉凶外，也有道教中選擇適合修道環境（法、財、侶、地中的地）的方法，以至通過堪輿術觀察天地山川陰陽之氣，亦成為領悟陰陽金丹大道的一途。

易學體系以外的術數與的少數民族的術數

我國術數中，也有不用或不全用易理作為其理論依據的，如揚雄的《太玄》、司馬光的《潛虛》。也有一些占卜法、雜術不屬於《易經》系統，不過對後世影響較少而已。

外來宗教及少數民族中也有不少雖受漢文化影響（如陰陽、五行、二十八宿等學說。）但仍自成系統的術數，如古代的西夏、突厥、吐魯番等占卜及星占術，藏族中有多種藏傳佛教占卜術、苯教占卜術、推命術、相命術；北方少數民族有薩滿教占卜術；不少少數民族如水族、白族、布朗族、佤族、彝族、苗族等，皆有占雞（卦）草卜、雞蛋卜等術，納西族的占星術、占卜術，彝族畢摩的推命術、占卜術……等等，都是屬於《易經》體系以外的術數。相對上，外國傳入的術數以及其理論，對我國術數影響更大。

曆法、推步術與外來術數的影響

我國的術數與曆法的關係非常緊密。早期的術數中，很多是利用星宿或星宿組合的位置（如某星在某州或某宮某度）付予某種吉凶意義，并據之以推演，例如歲星（木星），早期的曆法及術數以十二年為一周期（以應地支），與木星真實周期十一點八六年，每幾十年便錯一宮。後來術家又設一「太歲」的假想星體來解決，是歲星運行的相反，週期亦剛好是十二年。而術數中的神煞，很多即是根據太歲的位置而定。又如六壬術中的「月將」，原是立春節氣後太陽躔娵訾之次而稱作「登明亥將」，至宋代，因歲差的關係，要到雨水節氣後太陽才躔娵訾之次，當時沈括提出了修正，但明清時六壬術中「月將」仍然沿用宋代沈括修正的起法沒有再修正。

由於以真實星象周期的推步術是非常繁複，而且古代星象推步術本身亦有不少誤差，大多數術數除依曆書保留了太陽（節氣）、太陰（月相）的簡單宮次計算外，漸漸形成根據干支、日月等的各自起例，以起出其他具有不同含義的眾多假想星象及神煞系統。唐宋以後，我國絕大部分術數都主要沿用這一系統，也出現了不少完全脫離真實星象的術數，如《子平術》、《紫微斗數》、《鐵版神數》等。後來就連一些利用真實星辰位置的術數，如《七政四餘術》及選擇法中的《天星選擇》，也已與假想星象及神煞混合而使用了。

隨着古代外國曆（推步）、術數的傳入，如唐代傳入的印度曆法及術數，元代傳入的回回曆等，其中我國占星術便吸收了印度占星術中羅睺星、計都星等而形成四餘星，又通過阿拉伯占星術而吸收了其中來自希臘、巴比倫占星術的黃道十二宮、四大（四元素）學說（地、水、火、風），並與我國傳統的二十八宿、五行說、神煞系統並存而形成《七政四餘術》。此外，一些術數中的北斗星名，不用我國傳統的星名：天樞、天璇、天璣、天權、玉衡、開陽、搖光，而是使用來自印度梵文所譯的：貪狼、巨

門、祿存、文曲、廉貞、武曲、破軍等，此明顯是受到唐代從印度傳入的曆法及占星術所影響。如星命術中的《紫微斗數》及堪輿術中的《撼龍經》等文獻中，其星皆用印度譯名。及至清初《時憲曆》，置閏之法則改用西法「定氣」。清代以後的術數，又作過不少的調整。

此外，我國相術中的面相術、手相術，唐宋之際受印度相術影響頗大，至民國初年，又通過翻譯歐西、日本的相術書籍而大量吸收歐西相術的內容，形成了現代我國坊間流行的新式相術。

陰陽學——術數在古代、官方管理及外國的影響

術數在古代社會中一直扮演着一個非常重要的角色，影響層面不單只是某一階層、某一職業、某一年齡的人，而是上自帝王，下至普通百姓，從出生到死亡，不論是生活上的小事如洗髮、出行等，大事如建房、入伙、出兵等，從個人、家族以至國家，從天文、氣象、地理到人事、軍事，從民俗、學術到宗教，都離不開術數的應用。我國最晚在唐代開始，已把以上術數之學，稱作陰陽（學），行術數者稱陰陽人。（敦煌文書、斯四三二七唐《師師漫語話》：「以下說陰陽人謾語話」，此說法後來傳入日本，今日本人稱行術數者為「陰陽師」）。一直到了清末，欽天監中負責陰陽術數的官員中，以及民間術數之士，仍名陰陽生。

古代政府的中欽天監（司天監），除了負責天文、曆法、輿地之外，亦精通其他如星占、選擇、堪輿等術數，除在皇室人員及朝庭中應用外，也定期頒行日書、修定術數，使民間對於天文、日曆用事吉凶及使用其他術數時，有所依從。

我國古代政府對官方及民間陰陽學及陰陽官員，從其內容、人員的選拔、培訓、認證、考核、律法監管等，都有制度。至明清兩代，其制度更為完善、嚴格。

宋代官學之中，課程中已有陰陽學及其考試的內容。（宋徽宗崇寧三年〔一一零四年〕崇寧算學令：「諸學生習……並曆算、三式、天文書。」「諸試……三式即射覆及預占三日陰陽風雨。天文即預

定一月或一季分野災祥，並以依經備草合問為通。」

金代司天臺，從民間「草澤人」（即民間習術數人士）考試選拔：「其試之制，以《宣明曆》試推步，及《婚書》、《地理新書》試合婚、安葬，並《易》筮法、六壬課、三命、五星之術。」（《金史》卷五十一·志第三十二·選舉一）

元代為進一步加強官方陰陽學對民間的影響、管理、控制及培育，除沿襲宋代、金代在司天監掌管陰陽學及中央的官學陰陽學課程之外，更在地方上增設陰陽學課程（《元史·選舉志一》：「世祖至元二十八年夏六月始置諸路陰陽學。」）地方上也設陰陽學教授員，培育及管轄地方陰陽人。（《元史·選舉志一》：「（元仁宗）延祐初，令陰陽人依儒醫例，於路、府、州設教授員，凡陰陽人皆管轄之，而上屬於太史焉。」）自此，民間的陰陽術士（陰陽人），被納入官方的管轄之下。

至明清兩代，陰陽學制度更為完善。中央欽天監掌管陰陽學，明代地方縣設陰陽學正術，各州設陰陽學典術，各縣設陰陽學訓術。陰陽人從地方陰陽學肄業或被選拔出來後，再送到欽天監考試。（《大明會典》卷二二三：「凡天下府州縣舉到陰陽人堪任正術等官者，俱從吏部送（欽天監），考中，送回選用；不中者發回原籍為民，原保官吏治罪。」）清代大致沿用明制，凡陰陽術數之流，悉歸中央欽天監及地方陰陽官員管理、培訓、認證。至今尚有「紹興府陰陽印」、「東光縣陰陽學記」等明代銅印，及某某縣某某之清代陰陽執照等傳世。

清代欽天監漏刻科對官員要求甚為嚴格。《大清會典》「國子監」規定：「凡算學之教，設肄業生。滿洲十有二人，蒙古、漢軍各六人，於各旗官學內考取。漢十有二人，於舉人、貢監生童內考取。」學生在官學肄業、貢監生肄業或考得舉人後，經過了五年對天文、算法、陰陽學的學習，其中精通陰陽術數者，會送往漏刻科。而在欽天監供職的官員，《大清會典則例》「欽天監」規定：「本監官生三年考核一次，術業精通者，保題升用。不及者，停其升轉，再加學習。如能黽

六

勉供職，即予開復。仍不及者，降職一等，再令學習三年，能習熟者，准予開復，仍不能者，黜退。」除定期考核以定其升用降職外，《大清律例》中對陰陽術士不準確的推斷（妄言禍福）是要治罪的。《大清律例‧一七八‧術七‧妄言禍福》：「凡陰陽術士，不許於大小文武官員之家妄言禍福，違者杖一百。其依經推算星命卜課，不在禁限。」大小文武官員延請的陰陽術士，自然是以欽天監漏刻科官員或地方陰陽官員為主。

官方陰陽學制度也影響鄰國如朝鮮、日本、越南等地，一直到了民國時期，鄰國仍然沿用着我國的多種術數。而我國的漢族術數，在古代甚至影響遍及西夏、突厥、吐蕃、阿拉伯、印度、東南亞諸國。

術數研究

術數在我國古代社會雖然影響深遠，「是傳統中國理念中的一門科學，從傳統的陰陽、五行、九宮、八卦、河圖、洛書等觀念作大自然的研究。……傳統中國的天文學、數學、煉丹術等，要到上世紀中葉始受世界學者肯定。可是，術數還未受到應得的注意。術數在傳統中國科技史、思想史，文化史、社會史，甚至軍事史都有一定的影響。……更進一步了解術數，我們將更能了解中國歷史的全貌。」（何丙郁《術數、天文與醫學中國科技史的新視野》，香港城市大學中國文化中心。）

可是術數至今一直不受正統學界所重視，加上術家藏秘自珍，又揚言天機不可洩漏，「（術數）乃吾國科學與哲學融貫而成一種學說，數千年來傳衍嬗變，或隱或現，全賴一二有心人為之繼續維繫，賴以不絕，其中確有學術上研究之價值，非徒癡人說夢，荒誕不經之謂也。其所以至今不能在科學中成立一種地位者，實有數因。蓋古代士大夫階級目醫卜星相為九流之學，多恥道之；而發明諸大師又故為恍迷離之辭，以待後人探索；間有一二賢者有所發明，亦秘莫如深，既恐洩天地之秘，復恐譏為旁門左道，始終不肯公開研究，成立一有系統說明之書籍，貽之後世。故居今日而欲研究此種學術，實一極困難之事。」（民國徐樂吾《子平真詮評註》，方重審序）

現存的術數古籍，除極少數是唐、宋、元的版本外，絕大多數是明、清兩代的版本。其內容也主要是明、清兩代流行的術數，唐宋或以前的術數及其書籍，大部分均已失傳，只能從史料記載、出土文獻、敦煌遺書中稍窺一鱗半爪。

術數版本

坊間術數古籍版本，大多是晚清書坊之翻刻本及民國書賈之重排本，其中豕亥魚魯，或任意增刪，往往文意全非，以至不能卒讀。現今不論是術數愛好者，還是民俗、史學、社會、文化、版本等學術研究者，要想得一常見術數書籍的善本、原版，已經非常困難，更遑論如稿本、鈔本、孤本等珍稀版本。

在文獻不足及缺乏善本的情況下，要想對術數的源流、理法、及其影響，作全面深入的研究，幾不可能。

有見及此，本叢刊編校小組經多年努力及多方協助，在海內外搜羅了二十世紀六十年代以前漢文為主的術數類善本、珍本、鈔本、孤本、稿本、批校本等數百種，精選出其中最佳版本，分別輯入兩個系列：

一、心一堂術數古籍珍本叢刊
二、心一堂術數古籍整理叢刊

前者以最新數碼（數位）技術清理、修復珍本原本的版面，更正明顯的錯訛，部分善本更以原色彩色精印，務求更勝原本。并以每百多種珍本、一百二十冊為一輯，分輯出版，以饗讀者。

後者延請、稿約有關專家、學者，以善本、珍本等作底本，參以其他版本，古籍進行審定、校勘、注釋，務求打造一最善版本，方便現代人閱讀、理解、研究等之用。

限於編校小組的水平，版本選擇及考證、文字修正、提要內容等方面，恐有疏漏及舛誤之處，懇請方家不吝指正。

心一堂術數古籍 珍本 叢刊編校小組

二零零九年七月序
二零一四年九月第三次修訂

蔣子挨星圖

己夘年中秌節

胡煜明藏

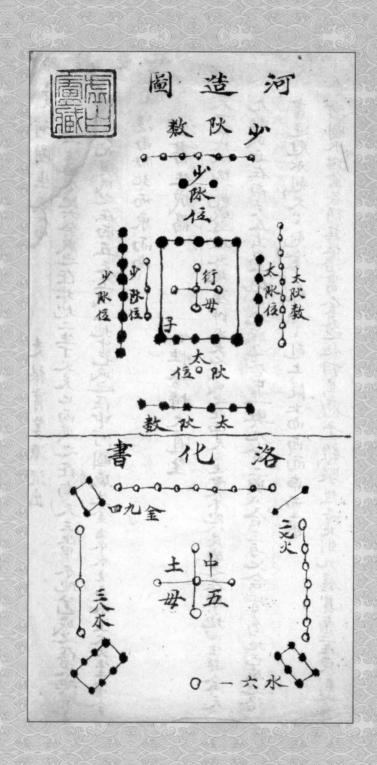

錯　三爻　河圖生成篇

靈根育孕源流出

綜　互爻　天一生壬水地六癸成之在北地二生丁火天七丙成之在南天三生甲木地八乙成之在東地四生辛

變　叉　金天九庚成之在西五天生戊土地十己成之在中河圖戌生金

化　六爻　泛西而北而東而南

洛書生成篇　　心性修持大道生

天一生坎水地六乾成之在北地二生坤火天七兌成之在西天三生震木地八艮成之在東地四生巽金天

九離成之在南天五生戊土地十己成之居中一與九合二與八合三與七合皆為地己成之洛

書通剋水剋火火剋金金剋木木剋土土剋北而西而南而東

河圖水火金各得其位洛書金火之位相易似乎雜駁然居北則九應其南三在東則七應

在西以合十數自然之數觀之是亦理之所不得不然者

角元氐初樓在辰氐二房心尾卯尾尾三箕斗在寅位斗四牛女丑宮真**女**三虛危同在子兔十三度
亥宮行室壁奎方多在亥奎二婁胃戌宮親胃四卯畢同壁酉畢之嘴參井房申井九兔柳俱登未柳四星張
午位張張十五多翼軫巳軫十還歸在於辰

三坤

三乾　天地已多圖二氣一交水火相合
　　　乾坤成矣

三坎　天地未分圖二氣未交上炎下炎

三離　天地未分圖二氣未交上炎下炎

貳白之圖

五此黃

白七

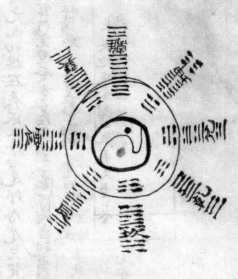

天心正運之圖

自無而有
謂之造自
有而無謂
之化疊造
疊化萬物
生焉

天地未成有一理，
陰陽却在此中出。

天向此中分造化，
人從心上起經綸。

正九星方位之圖

先以乾坤而首坎離

次以坤乾而運離坎

大道之根源乃陰陽之祖

氣即混元太極先天真一

之氣　經日無名天地之

始、有名萬物之母

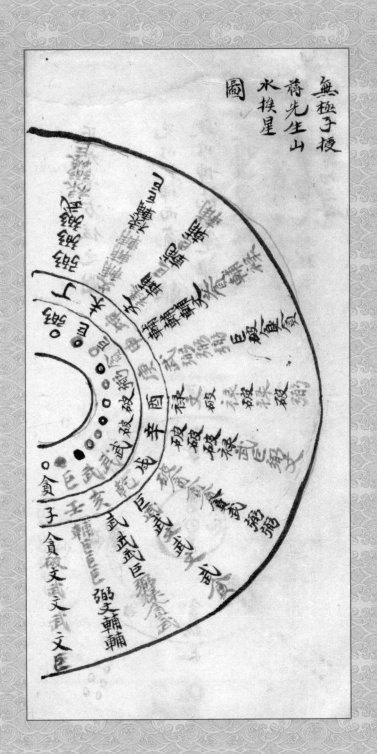

無極子授
蔣先生山
水挨星
圖

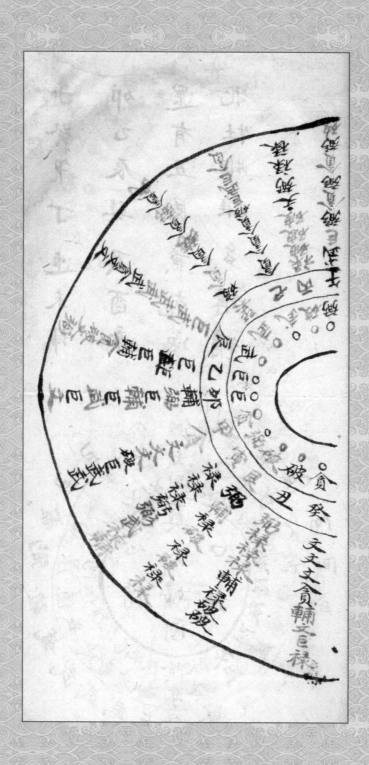

子癸午丁連未坤。

邜乙辰巽及酉辛。

還有丑艮薫乾戌。

牝牡雌雄多媾精。

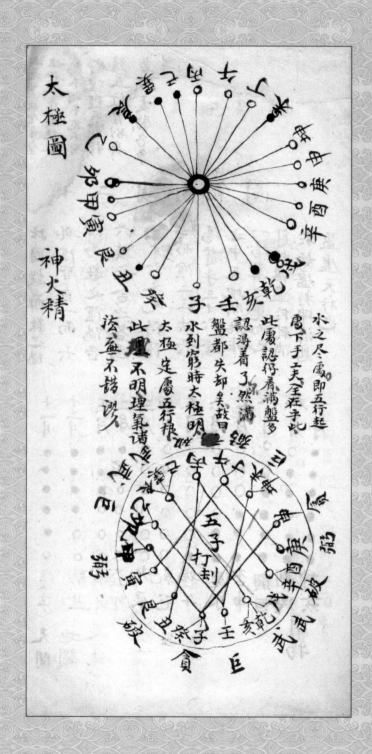

太極圖

神火精

水之盡處即五行起
處下手工夫全在乎此
此處認得着滿盤多
認得着子然滿
盤都失却美故曰
水到窮時太極明
太極定處五行根
此理不明理氣諸
該盤不錯認

土是母裝金芽金
生神水產嬰娃水
為本潤木花木有
輝煌烈火霞攢
籤五行皆別異
若然交臉各爭
差

二十月卦氣圖

此圖縱而數之陽
興陰皆自一而六
橫而數之陰陽各
六其六合之各為
三十六爻見得陽
一而陰二三十六
陽貫手三十六陰
之中天地間無非
一陽氣之運而已
息於復盈於乾消
於姤虛於坤消息
盈虛天行也

月	卦
十一月	復　子　天開
十二月	臨　丑　地闢
正月	泰　寅　人生
二月	大壯　卯
三月	夬　辰
四月	乾　巳
五月	姤　午
六月	遯　未
七月	否　申
八月	觀　酉
九月	剝　戌
十月	坤　亥　開物

行逆局陰

右
陰丑局
行
破丑

坤壬乙巨門從頭出，艮丙辛
位位是破軍，巽辰亥，盡是武
曲位甲癸申貪狼一路行庚
丁寅右弼四星臨

震初一至初五　　　金剛火尅兩空則凶
兌初六至初十　巳酉丑
乾十一至十五　庚亥
巽十六至二十　戌未
艮廿一至廿五　午午　子卯木入水傷
坤廿六至三十　寅巳　丑未
　　　　　　　辰卯寅　辰子申　水向東藏

癸
戌丑未
巽中元陰神辰
中元陽神乾坤艮
上元陽神丙壬庚甲

下元陽神寅
申巳亥下元
陰神乙辛丁

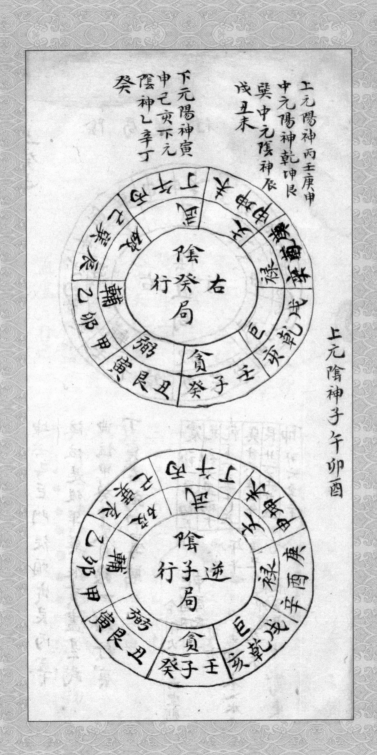

上元陰神子午卯酉

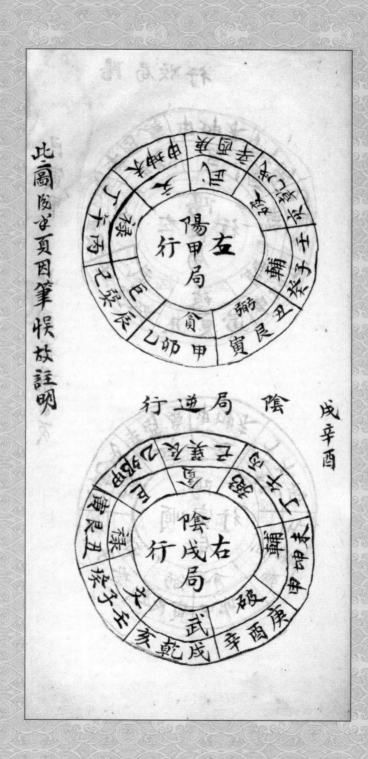

此圖陽乙夏因筆悞故註明

左

陽甲
局

行

戌辛酉

陰

行逆局

右

陰戌
局

行

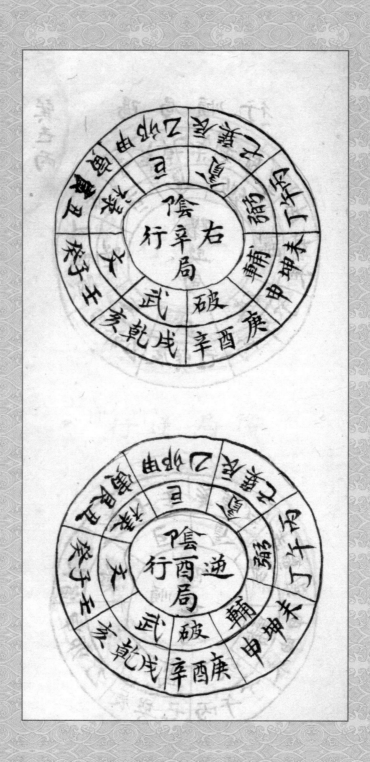

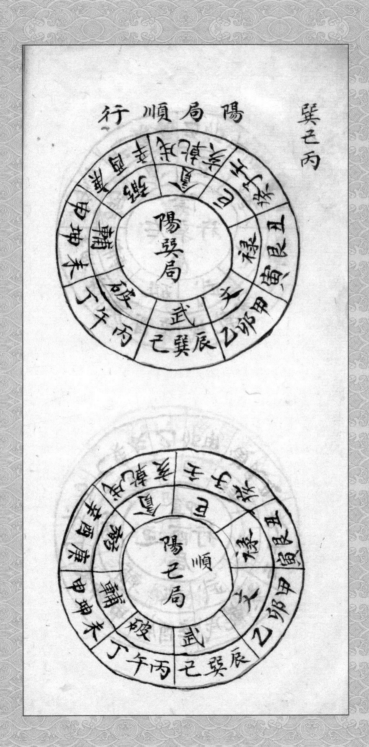

行順局陽

巽巳丙

陽巽局

陽巳局

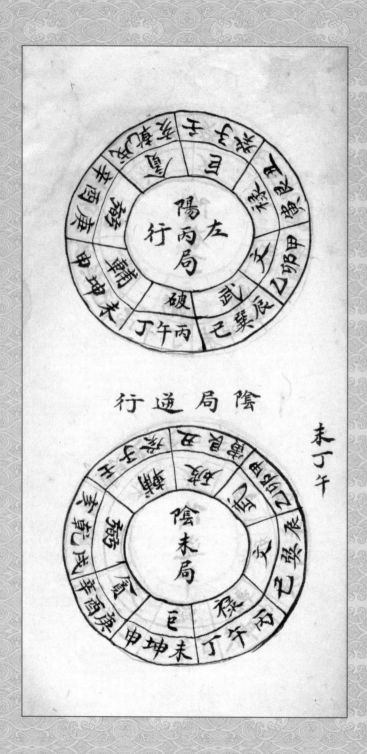

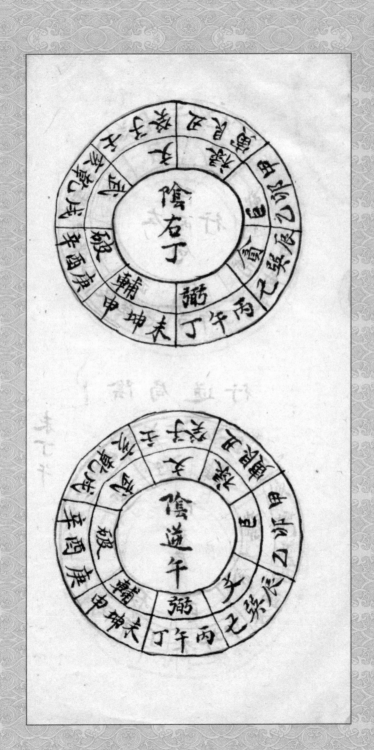

心一堂術數古籍珍本叢刊　堪輿類　無常派玄空珍秘

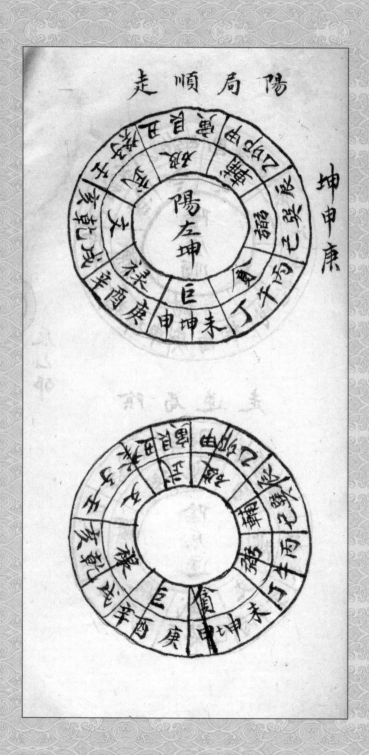

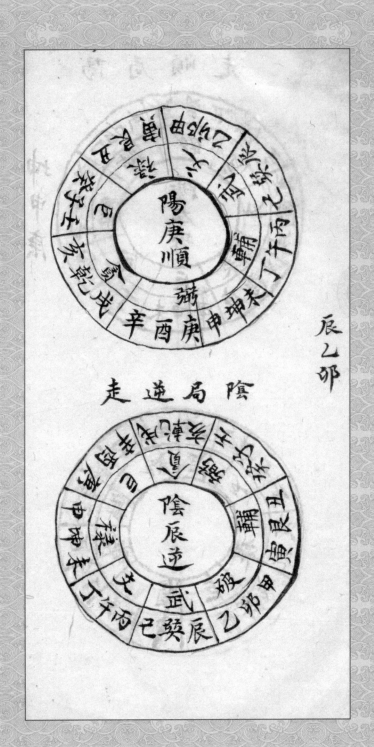

辰乙卯

陽庚順
辅
弼

巽辰乙卯
艮寅
癸丑
壬子
乾亥
戌
辛 酉 庚 申坤未 丁午丙

走 逆 局 陰

陰辰逆
破
武
禄

乾亥壬子癸丑
辛酉坤
艮寅
甲卯乙
庚申未
丁午丙巳癸辰

心一堂術數古籍珍本叢刊　堪輿類　無常派玄空珍秘

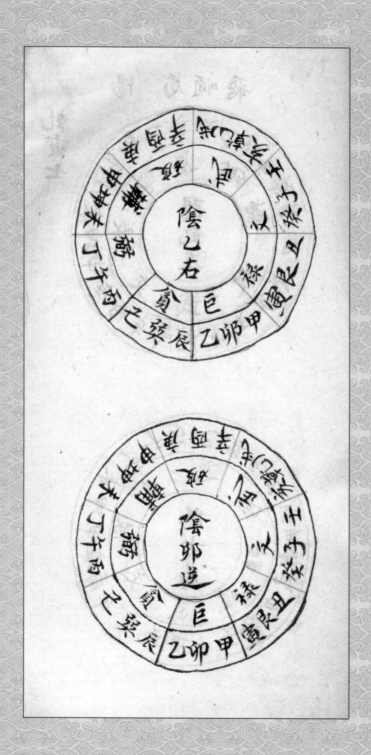

蔣子挨星圖 附 玉鑰匙

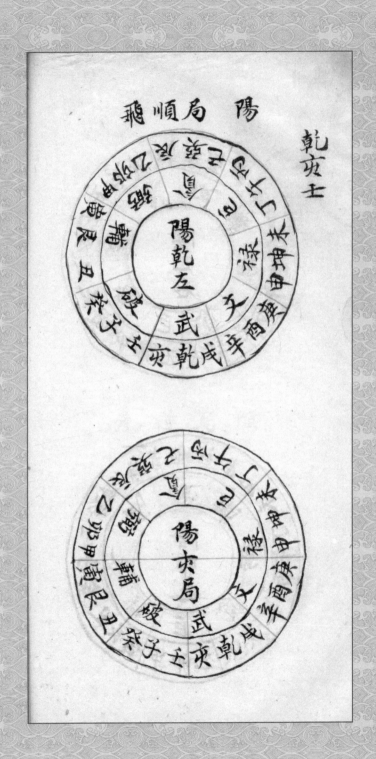

良寅甲兮癸乙丙坤申庚兮

乾亥壬十弍佐陽神俱順行

戌辛酉兮未丁午辰乙卯兮

丑癸子十弍佐陰神俱逆走

此二十四圖蔣先生山龍挨星

子癸併甲申貪狼一路行　壬卯乙未坤五位為巨門乾亥辰

癸巳連戌武曲名　酉辛丑艮丙天心說破軍　寅午丁庚上

右弼四星臨　更有神仙訣空位忌神　星貪巨祿文廉武破

輔弼　廉貞不動居中故不揆在内　揆法問二位氣從五轉是陽

神　右路通來即星陰　陽卦順飛陰逆走　趙真出煞此為

真　上元之局应求巨　中武湏知下破軍

輔弼二星宜在穴前左右　不宜在穴後左右

甲己化土、夫從妻化也。乙庚化金、妻從夫化也。丙辛化水、夫從妻之子化也丁壬化

木妻從夫之子化也。戊癸化火、此謂無情之化。相激而成者也。

陰為夫陽為妻

冬入陰曆
夏入陽曆
月行青道

冬入陽曆
夏入陰曆
月行白道

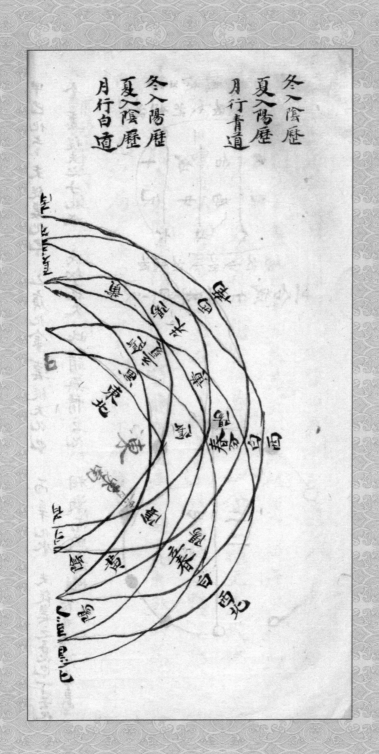

春入陽歷
姝入陰歷
月行白道

春入陰歷
姝入陽歷
月行里道

乾宅　　玉鑰匙

乾宅合坎是内金生外文曲水也宮生星主進田產虎發貴但嫌六殺之水先損二

女賊未一次火燒一畨又有墮胎之患申子辰午月應　乾宅合艮外土生内金

宮生宮進人口宮生星進六畜又喜巳門屬土主生三子出善合養

大利恆陽旺陰襄帷有疾病辰戌丑未年月應乾宅合震是内乾金

剋震木外廉貞犬内金宮剋宮退敗旱剋宮損長孝义婦顛之火主

父子離厭賊盜犬光実年戌月應乾宮剋内金尅外木綠存土

又生内金乾宮剋巽宮損長婦但祿存乃禍害之土主老窮風膇

婦女難產陰旺陽衰若子反絕中子辰年月亡　乾合離納金癸

離宮水尅乾宮退令損妻滛以絕卿姬軍之妾必夭有口舌癆瘵

首之厄損丁三六九口巳酉丑年月應乾合坤內金外土坤宮生乾宮武

金星入兌又坤之生主旺人財乾坤相助夫婦有益子孫孝順人物臧亭巳酉

曲丑年月應乾合兌自內老陽金外少陰金生氣貪狼入兌受二尅

之尅主三狂死老翁不正老婦貪滛亥卯未年月亡

坎宅

坎宅合艮內水外土宮尅宮退人口艮受土滃小兒難養文燻五兒廉

貞生少陽之土而尅陽水長房甲子忤逆損財傷丁官司口舌寅午戌年

年月應、坎合震內水生外木宮生宮進人口但巨門土星為震所剋

三子俱諒有病以宮剋星之故甲子辰年月應、坎合癸內水生外木生

氣貪狼為坎宮所生主賣子賢孫田財大旺五男二女諸事大吉亥

卯未年月應、坎合離內水外火名曰未濟但武曲延年生坎水剋壽

宮小房丁財雖旺後生瞎眼三人先吉後凶入贅剋壽巳酉丑年月應

坎合坤內水外土坤土剋坎水中男少亡絕命受坤土之生生坎元之氣

主小房敗絕陰人太歲傷胎產難巳酉丑年月應、坎合兌內水外金

宮八丁旺興但不宜福宮土星來剋坎水中子不利胎孕不安盜賊

侵擾 申子辰年月應 坎合乾內水生外金外生內象埋耳崢嶸

只種六殺文曲水星相比過于旺未免陽盛陰衰先山二男一女因孽退敗

敗落井投河離卿自縊隨胎難產申子辰年月應

艮宅

艮宅合震震土外木宮剋宮長男尅少男災禍最難當夭媂

大殺水星入宅主死胎孕常招火盗司官申子辰年月應艮合巽

內土外木絕命破軍入宅穿宅決云金巽母山及長婦陰衰陽旺子孫

頑賊侵墮胎父子不睦義男女書逃亡酉丑年月應艮合離肉

内土外火宫生宫禄存土星入宅離又生禄存為禍之星主三房子孫疾

病纒身少子与中傻相溻申子辰年月應　艮合坤内外純土

合溻貪狼生氣入宅壬生貴子四五人商賈経營長子少男興旺廣

置田産亥卯未年月應艮合乾内土外金巨門土星入宅宫星相生二目

事稱意以丟陽土而生陽金阳旺陰襄安人多損二房忠孝中子大旺申子

辰年月應艮合兊内土外金又溻武曲延年金星入宅大吉之門少男少

女多生貴子田産奥旺此為阴阳中正夫婦之宅巳酉丑年月應

艮合坎内土外水穿宅訣云艮坎小口多灾疾廉貞五鬼入宅能

生邪魔主生性急心痛之人隣舍起害心尖突亦有寅午戌年月應

震宅

震宅合巽內外純木長男長女夫婦之宅田宅大旺但武曲延年是星剋
宮老毋少女思眼疾人呈散巳酉丑年月應　震合离內木生外火
貪狼生氣木星入宅星宮相生百事稱意長房生五子出秀田產大旺
合平安夾邪末年月應　震合坤內木外土禍害土星入宅剋宅
訣云禍害不入震巽宮先損奇財俊損翁又云震巽裝戌坤艮卦
少男老毋病連床以老毋而配長男淫乱混雜田土退敗合丧缺

申子辰年月應　震合兌內木外金絕命破軍入宅穿宅訣云兌剋

震巽長男女乃少女剋長男也星剋宮主損長男子孫主患瘡疾眼痛

人口難安六畜退敗盜賊侵耗巳酉丑年月應　震合乾內木外金五鬼廉

貞入宅長子先亡官司口舌邪魔纏染寅午戌年月応　震合坎內木外水

天乙土星入宅宮他生我宮剋星我剋他此為巨門土星剋坎水主生三子

剋一子螟蛉稱意申子辰月年應　震合艮內木外土生文曲水星入宅宮

剋宮穿宅訣云內剋外文賊不侵主家內義男有脾胃之疾星生宮

進六畜艮土又剋文曲壬中男少亡或遊蕩敗家申子辰年月應

癸宅

癸宅合壽内木外炎天乙巨門土星為壽两生主生三子三女内弟生外弟主

家道發達宫生星主田財帛旺土增進宫剋星主陰旺剋二子二女主赤色

婦女當家申子辰年月應　癸合坤内木外土五兒廉貞火星入宅主老

母多病寡婦哭子穿宅訣云坤水殘龍聾黄腫病産勞傷婦母踵山賊

盗傷財魂夢顛倒寅午戌年月應　癸合兌内木外金文曲水星入宅

穿宅訣云金癸母亡連長婦陰衰陽旺子孫顛主損長婦長女或隨堕胎

申子辰年月應　癸合乾内木外金禍害土星入宅穿宅訣云祿存剋癸

損陰人川老翁而剋長婦、長女、申子辰年月應　巽合坎內木外水、

貪狼生氣水星入宅中男配長女夫婦之宅主生貴子五人忠良富貴亥卯
未年月應、巽合艮內交剋外象山風蠱卦絕命破軍星入宅內剋外退田土及火

火先口舌星剋宮主損小口、墮胎難產己酉年月應巽合震

武曲金星入宅主生四子死二女、長男長女夫婦之宅長子顛

狂小房奥旺以星剋宮之故己酉丑年月应

離宅

離宅合坤卦大外土、六殺文曲水星入宅主破財損六畜宮生宮剋

星主女子有堕胎陰旺陽衰黑天作怪甲子辰年月應　離合克内火外

金宫剋宫穿宅訣玄廉貞到本宫每嵗二房榮長子權柄少女

血光尖寅午戌年月應離合乾内火剋外空破軍絶命入宅宫剋宫三

剋星主退田産破財賊盗失克親人争閗分財已酉丑年月應離

合坎内火外水武曲金星生宫主田産與旺但武曲爲離宫所剋

主生二子死一子女外剋内退田産宫剋星損長子已酉丑年

應離合艮内火外土禄存土星入宅宫生宫〻生星小口難招好人帮助

廃病不免申子辰年月應宫生宫〻生星陰旺陽衰主三女一艮長一

美貌二子財富饒餘申子辰年月應

坤宅

坤宅合兑內土生外金天一巨門土星入宅宮生宮星亦生宮老世少

女之宅陰旺陽乘兑女襯宅見女與旺六畜繁茂貴人扶助申子辰

年月應坤合乾內土外金天地父母乾坤交泰芝宅有子六人丁財昌茂

武曲金星入宅男女孝順百事稱心巳酉丑年月應坤合坎內土外水

破軍絕命金星入宅宮剋宮或星生宮比和以陽土而合陰土主老母有壽生

艮內外純土九宮

辰子六男迫奴婢逃亡有脾腎水蠱之疾巳酉丑年月應坤合

（生氣貪狼木星入宅主五子剋二

子亥卯未年月應　坤合震內土外木禍害　祿存土星入宅宮剋宮邪病

纏染損老母長子陰旺陽衰宮剋星李子災敗甲子辰年月應坤合選

內土外木五鬼廉貞入宅穿宅訣亥坤巽老母美難豐宮剋宮邪穢

盜賊火災時見長女帶疾寅午戌年月應坤合離合內土外火六殺文曲水

星入宅外生內主發達六殺剋離甲旁敗壞甲子辰年月應也

　兌宅

兌宅合乾內外純金生氣貪狼入宅受兩金之剋主生五子損長子少女九宮

比和宮剋星退田產亥卯未年月應　兌合坎內金外水中男少女之宅主生貴子

賢孫田財大旺但禍害土星入宅雖生兌宮要出殘疾之人申子辰年月應

兌合艮內金外土少男少女夫婦之皂延年武曲比和宮生星子賢孫賢四子

俱旺三六九房發貴巳酉丑年月應　兌合震內金外木絕命破軍金星入宅

內刻外主賊侵長子勞苦咳嗽不寧巳酉丑年月應　兌合巽內金外木六殺

外火五鬼廉貞入宅而星剋宮主傷少女長房敗絕寅午戌年月應

文曲水星入宅陰人有災賊來裁次小口不安申子辰年月應　兌合離內金

兌合坤內金外土天乙巨門土星入宅主生貴子出善人田財大旺甲子辰年月

兌合兌內外純金絕金破軍入宅主損小口多生女子寡婦当家田財退

敗巳酉丑年月應

八宅總論其驗若神不可容易更作但不過言八宅禍福至化

难生悉轉凶為吉其法悉未載也

月定禪師拉氣圖

乾山尋旺坎丁財西北西南發即衰惟有艮震并癸土孤寡鳳勞疫病來

左手房門丙氣入口尋宮之夫生巨門坎宮貪狼之木又淵水生水不之生來

火生土成一相生之局故癸宅尋門房居坎悠大旺丁財惟有乾上不可做房

以禍喜生乾金氣大旺主有病聲音啞之疾如再通艮氣破金絕命星未

寡宿風勞一齊俱有右手房門收氣乙上延年金星剋如再通艮

吳口一星而剋兩水如再占乾傷金氣愈旺土金既旺木氣金無主損

長子剋夫剋妻痴聾音啞一概宜犯所以右門之山也

坎山震巽發財餘東北丁財西北殘下中兊上財丁旺正西坤上絶人烟

左手房門未氣入口午丁之火生坤但陰大坐陰土又六殺文曲水到坤主淯

人經水不調多生女子或流年惡殺桐併氣不調達主老母有病多皮膚

發背等症右手房門從嘉入巽門宮相生而又天山巨門土星到巽雖與伊子

但巨門土星究被宮剋寅外流年未免剋妻之禍下中兊上財丁旺者非謂

開兊門兊路下中兩元上赤主運亦主旺丁財若是上元而走兊門兊路是以

敗絶吁謂正西也東北丁財居艮而收丁氣年碍丁財而北殘者居乾而收

巽氣大損丁財以巨門土生乾宮之絶命破軍金天剋巽宮之末氣所以殘也

艮山巽上旺人財乾坎丁財反覆兌震尋常丁穀好齊艮坤方練橐呆

左手房門由坤入兌氣入口天醫巨門在乂赤為星生宮猶為尋常坐處易君

向
丁午伏
丙午
中宮
延年坎

坤
天殺

巽
天醫

左卯
左丙
貪狼

左丁
左午
臥房床

福宮

艮

右辰
右戌
兌
右酉
廉貞

右巳
巨婆
臥房
右巳

魁尅
乾

五鬼廉貞在巽為宮生星水山艮土有生氣貪狼來削故居艮而收巽氣通兑舍

成巽門主見運財來好竹人故曰艮山巽山旺人財左手門房土金相生猶可發丁

財氣不及巽矣巽下一卦而收乾艮山巽氣為延年而剋上元三碧丁財稍可

下元中元大敗丁財甚斬丁絕嗣故亦反覆齋有六殺剋宮坎有絕命生宮六

殺剋宮主剋妻絕命生宮主剋夫坤宮左右兩門極易收此而卦之氣嚀孚者其

可不慎之乎

離　六殺　向　坤伏　中宮 貪輔艮　兑　旺門　乾　延年房　坎　總
廉左甲酉　左甲卯酉　福堂卯　右午房　左亭　左庚

震山巽上不長春艮上增財坎旺丁乾伍居之人敗絕西南一代後無人

左手房門戌氣入口乾宮生旺三金交兌應長子不利但向上兌金於本宮房

癸文曲主長女風流丁不壽右手房門申氣入口為天乙門得坤艮三土生兌金富

貴双金人丁大旺艮門上金相生財氣大旺坎兌二門金土相刑長子不利禍

宮在坎官司口舌乾門生旺兌兌門居而金比剋以兌為少女乾為老陰主寵妾

君愛巽離二門六殺在巽五兒在喬主官非盜賊艮房坤門坤艮土生延年兌金

比和若得之坤巨門土再生丁財大旺房在震而見坤氣以坤宮天醫制絕

命亦不妨無碍丁財若房收坤氣而收震氣震宮有絕命破軍使坤艮土

士一齊生之雖有天醫亦覺力輕少五方可辭

巽山坤上旺丁財邪震丁財反覆未坎宮一代平〻吉兑艮乾宮敗惡宛

左〒房門主氣〻口乾生六殺六殺与坎三重三氣臨門一福力永能制甲子辰

年多損陰人且有落水風顛之咎右手房門從乾入亥〻入章武曲迚

乾
生兑
坎
禍宮
右庚
延年
右坤
右未
艮

向
辛酉
廟伏
中宮
絕命
震
右甲

坤
天医
左辛
房
左坤
五鬼
左酉
午左庚
左戌
房
六殺
巽

年在坤為宮生星故旺丁財一團土金相生之氣若開卯門卯路中下

兩元六白七赤之運大退丁財所以謂之反覆也坎宮一代平三吉者

居坎而接坤氣入門以武曲逆年制六爇犹謂稍可暫若居艮而收兊氣

艮生兊三兊刺生氣貪狼土金俱旺木氣盡衰安可發丁財乎

壽山巽上少丁財財坤上丁財反覆來上元一發中元敗艮兌乾宮不必推

左于房門次氣入艮之入丑廉貞之火生艮宮坎宮之水剋廉貞謂水火不

相射主損丁破財傷夫剋子右手房門徒坎入乾收六殺賴武曲運年制之幸金

金水不為我難然左房坎門稍勝右房之乾門艮主剋夫尚可有丁乾雖有

財發丁甚难居坤走通卯門卯路巳門以制絕命上元運中亦可一發中下兩

元必然退敗故曰坤上丁財反覆來巽上少丁財以坎宮兩頭金待大乾

金氣三金來剋一木故少丁財艮兌乾宮不必推者艮有廉貞兌有禍

宮乾有六殺或居乾而收艮亢居亢而收艮乾一脈六星付聚斷于不另

坤山窩坎旺丁財震上丁財反覆來乾癸二宮生敗絕兊宮一甲損丁財

左手房門甲氣入口六殺生卯有兊房本宮武曲延年制之其奈不發

東西若在下元艮旺此門可開若上元震旺艮宅而開震門必主傷妻剋

手大退丁財右手房門癸氣入口雖有五鬼廉貞在坎若能房床居之得生

氣所制亦能旺丁撥財以言乎震土艮宅震門上元不用下元可用乾癸

敗絕乾有巨門生宮癸有絕命剋宮故主敗絕兌宮一甲主丁喪兌宮金也

或開卯位之門走甲上之路木氣全無故主丁喪

兇山尅上旺丁財初發乾坤後代衰兇坎癸方俱絕敗艮震凶頑不可推

左手房門辰氣入口若得喬門喬路制去五鬼則合門上之木以生喬炎之来

生辰雖有五鬼在乾丁財可旺初發乾坤後代衰者夫乾坤艮兇四門

在震兇宅必中下兩元可用又合西四命人可以一卷若是土元主一定

退敗右手房門寅氣入口震為絕命艮有六穢六穢得絕命相生之力

山頑愈甚癸宮延年金尅坎宮巨門土尅此星尅宮收之必敗絕此

之謂一脈凶山也兇為絕命坎有巨門可制是美不巨門在坎先受震木

之尅即巨門亦力乏之實延年在癸尅乾有廉貞大尅延年亦屬無力所以

兇坎癸方俱敗絕艮震凶頑不可推也

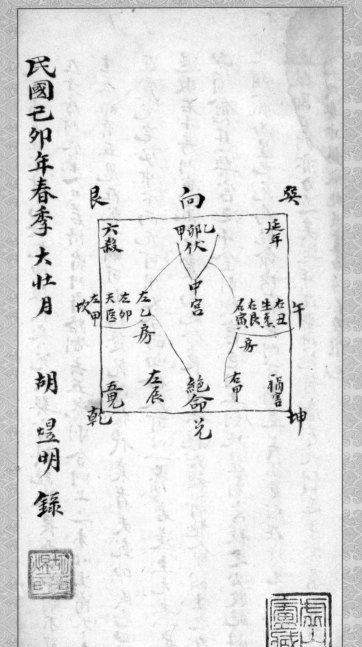

民國己卯年春季 大壯月　胡煜明 錄

心一堂術數古籍珍本叢刊　第一輯書目